GÜTERSLOHER
VERLAGSHAUS

Gütersloher Verlagshaus. Dem Leben vertrauen

FÜR B.

Lena Bach

Fragen

Gütersloher Verlagshaus

Ein Vorwort?

Wunderbar, komplex, kompliziert – zwischenmenschliche Beziehungen: Wir können nicht immer wissen, wo die Reise hingehen soll – vielleicht müssen wir es auch nicht. Wie finde ich aber heraus, wann der Moment gekommen ist, mich zu verabschieden, obwohl ich mich vielleicht in der Mittelmäßigkeit ganz gemütlich eingerichtet habe? Ganz einfach: Ich muss mir die richtigen Fragen stellen. Fragen wie »Ist das die Person, mit der ich morgens am Frühstückstisch sitzen möchte?« »Ist das der Mensch, den ich auch nach drei Stunden Stau noch ertragen kann?« »Kann ich mit dieser Person einen wunderbaren Urlaub verleben?« Beantworte ich eine dieser Fragen mit »Nein« ist die Sache eigentlich klar.

Die richtige Frage zum richtigen Zeitpunkt zu stellen, löst nicht das Problem, aber es entschleiert es. Das ist nicht nur bei zwischenmenschlichen Schwierigkeiten so, sondern bezieht sich auf alle Bereiche des Lebens. Die richtigen Fragen findest du hier – die Antworten gibst du dir selbst!

Lena

Freunde und Familie

1 Welche Person, die dir bisher begegnet ist, bewunderst du? Auf welche Weise hat dich dieser Mensch inspiriert?

2 Ein Freund bittet dich um 1.000 € – will dir aber nicht sagen, wofür er das Geld benötigt: Würdest du es ihm leihen?

Glaubst du, es ist möglich, dass Eltern
jedes ihrer Kinder gleich stark lieben
und sie völlig gleich behandeln?

Ist es dir schon einmal passiert,
dass du mit einem Freund unterwegs warst
und auf einmal das Gefühl hattest,
ihn überhaupt nicht mehr zu kennen?

5

Ein Mitglied deiner Familie wird plötzlich pflegebedürftig. Um sich angemessen um deinen Angehörigen kümmern zu können, müsstest du deine Arbeitszeit stark reduzieren. Würdest du es tun, wenn du finanziell keinen Nachteil davon hättest? Würdest du es auch tun, wenn es finanzielle Einschnitte bedeuten würde?

6

Hast du dich schon dabei ertappt, dass du zu Menschen, die dir eigentlich relativ egal waren, so freundlich und höflich warst, dass sie den Eindruck gewinnen konnten, du hättest ihre Gesellschaft sehr genossen?

7

Hast du dich schon einmal für deine Eltern/ deine Kinder geschämt?

8

Ärgerst du dich oft über Eigenschaften bei anderen Menschen, die dich eigentlich an dir selbst stören?

9

Ein paar Monate nach der Entbindung erfährst du, dass dein Baby gar nicht von dir ist. Durch eine unglückliche Verwechslung im Krankenhaus wurden zwei Kinder vertauscht. Würdest du dein Kind »zurücktauschen«?

10 Wie würdest du reagieren, wenn eines deiner Kinder einen gleichgeschlechtlichen Partner lieben würde? Wäre es ein Problem für dich, hättest du Angst davor, was Außenstehende sagen könnten?

11 Ärgerst du dich oft über deine Eltern? In welchen Situationen besonders?

12

Stell dir vor, in einem Gespräch mit einem Freund, den du sehr schätzt, stellt sich heraus, dass dieser eine politische Meinung radikal vertritt, die du nicht teilen, für die du nicht einmal Verständnis aufbringen kannst. Welche Auswirkungen hat das auf eure Freundschaft?

13

Was bedeutet für dich Freundschaft, ab wann bezeichnest du jemanden als Freund?

14

Würdest du im Urlaub deine Kinder zurückstellen, um Zeit für dich selbst zu haben?

15

Stell dir folgende Situation vor: Ein Familienvater wird von mehreren Männern zu Tode geprügelt. Im Gerichtssaal erschießt seine Frau die Täter. Hast du Verständnis dafür? Könntest du dir vorstellen, in einer ähnlichen Situation ebenso zu handeln?

16

Hast du aus Neid oder Eifersucht schon einmal etwas getan, wovon du, wenn ein Freund von dir in der gleichen Situation wäre, dringend abgeraten hättest?

17

Was glaubst du, schätzen deine Freunde an dir?

18

Welche drei Menschen würdest du mit auf eine einsame Insel nehmen, wenn ungewiss wäre, wann ihr wieder zurück in die Zivilisation kommt? Du hast auch die Möglichkeit, ganz allein zu gehen.

19

Wenn du bei der Geburt deines Kindes aussuchen könntest, welchen Beruf das Neugeborene später einmal ergreifen wird, würdest du diese Gelegenheit nutzen?

20

Ein Freund und du werdet eines Nachts Zeuge einer Schlägerei. Du willst eingreifen, dein Freund jedoch will einfach weitergehen. Kannst du dieses Verhalten verstehen? Hat es Auswirkungen auf eure Freundschaft?

21

Willst du dein Kind religiös erziehen? Würdest du es auch tun, wenn dein Partner einer anderen Religion oder Konfession angehört? Würdest du darauf bestehen, dass euer Kind deiner eigenen Religion oder Konfession angehört?

22

Du hast zwei Töchter, beide noch minderjährig. Eine der beiden ist an Nierenkrebs erkrankt. Die Niere deiner zweiten Tochter würde als Spendeorgan in Frage kommen. Würdest du von deiner gesunden Tochter verlangen, dass sie eine ihrer Nieren an ihre kranke Schwester abgibt?

23

Hast du schon einmal einen Abend mit Freunden abgesagt, weil du eine regelmäßige Serie im Fernsehen sehen wolltest?

24

Verbringst du deine Zeit lieber mit Frauen oder mit Männern? Sind deine engsten Freunde eher weiblich oder männlich?

25

Gibt es einen lieben Menschen in deiner Umgebung, den du gern verändern möchtest, um – vielleicht – sein Leben zu »verbessern«? Was würdest du an der Person ändern wollen und warum?

26 Wenn du während der Schwangerschaft Geschlecht und Aussehen deines Kindes aussuchen könntest, würdest du das tun?

27 Während eines Essens beginnen Freunde von dir, über einen gemeinsamen Bekannten zu lästern. Würdest du diese Person verteidigen, wenn du wüsstest, dass die Anschuldigungen ungerechtfertigt sind?

28

Unterscheidet sich deine politische Meinung sehr von der deiner Eltern?

29

Haben dein bester Freund und du einen ähnlichen Geschmack, was potenzielle Sexualpartner angeht?
Musstest du dich schon einmal zusammenreißen, weil der Partner deines besten Freundes auf dich eine starke Anziehung ausgeübt hat?

30

Sind deine besten Freunde
älter oder jünger als du?

31

Es ist Sonntagabend, du kommst gerade
von einem schönen Wochenende mit Freunden
zurück. Freust du dich auf deine Wohnung?
Auf Montag?

32 Wann hattest du deinen letzten großen Streit innerhalb der Familie oder mit Freunden? Worum ging es, und wer hat ihn gewonnen?

33 Würdest du einen Freund anlügen, wenn dich ein ebenso enger Freund darum bitten würde?

24

Glaubst du an den Kommunikationsgrundsatz von Paul Watzlawik: »Man kann nicht nicht kommunizieren?«
Gab es schon einmal eine Situation, in der du bewusst versucht hast, keine Signale zu senden? Wann war das und warum?

35

Benimmst du dich anders, wenn du in einer Gruppe unterwegs bist? Wie äußert sich das? Wie verhältst du dich, wenn in der Gruppe außerdem jemand ist, den du sehr attraktiv findest?

36 Hast du schon einmal mit einem Familienmitglied so sehr gestritten, dass du seitdem nicht mehr mit ihm redest?

37 Welchen Stellenwert nehmen deine Eltern in deinem Leben ein? Hast du dich schon einmal dabei beobachtet, wie du Angewohnheiten deiner Eltern übernommen hast, obwohl du das nie wolltest?

38 Auf welchen Menschen in deinem Leben bist oder warst du am meisten neidisch? Hast du deswegen ein schlechtes Gewissen?

39 Bei Nachforschungen in der Vergangenheit deiner Familie entdeckst du, dass deine Eltern/Großeltern überzeugte Nationalsozialisten waren. Was löst das in dir aus?

40

Welche ist deine schönste Kindheitserinnerung? Welche deine schlimmste?

41

Jemand, der dir sehr nahesteht, hat große Schmerzen, ist gelähmt und wird innerhalb eines Monats sterben. Obwohl Sterbehilfe in Deutschland verboten ist, bittet er dich, ihm Schlaftabletten zu besorgen, damit er sterben kann. Würdest du das tun? Was, wenn es dein Partner wäre?

42

Gibt es Menschen in deinem Umfeld, mit denen du nur befreundet bist, weil sie dir für deine berufliche Karriere oder für persönliche Zwecke nützlich sind?

43

Du hast beschlossen, dein gesamtes Geld in Aktien anzulegen, dein bester Freund rät dir massiv davon ab. Würdest du es trotzdem tun?

44

Dein Kind ist nach einem Unfall querschnittsgelähmt und wird für immer im Rollstuhl bleiben müssen. Du hörst jedoch von einer ungewöhnlichen Behandlungsmethode, die schon einige Male erfolgreich angewendet wurde, in Deutschland jedoch verboten ist. Würdest du deine Schwester, die Ärztin ist, bitten, die Behandlung bei deinem Kind durchzuführen – auf die Gefahr hin, dass sie ihre Zulassung verliert und damit ihre berufliche Zukunft aufs Spiel setzt, wenn die Behandlung scheitert?

45

Stell dir vor, du triffst einen alten Schulfreund: Nach einigen Minuten im Gespräch merkst du, dass er weitaus erfolgreicher im Beruf ist als du. Schüchtert dich dieses vermeintliche Ungleichgewicht ein?

46

Wie würdest du reagieren, wenn Freunde an deinem Geburtstag in einem vollen Restaurant »Happy birthday« für dich anstimmen würden?

47

Du erfährst, dass ein guter Freund von dir Aids hat, würdest du den Kontakt mit ihm meiden? Was, wenn dein Bruder oder deine Schwester infiziert wäre?

48

Worüber unterhältst du dich mit Menschen, die du nur flüchtig kennst? Was ist für dich ein gutes Gespräch?

49

Ein guter Freund macht in einer geselligen Runde einen sehr guten Witz auf deine Kosten, der dich allerdings komplett lächerlich dastehen lässt.
Wie reagierst du?

50

Welche deiner Stärken oder Schwächen wird von den Menschen in deiner Umgebung am meisten ausgenutzt? Wer nutzt sie aus und warum lässt du das zu?

51

Hast du in deiner Familie jemanden, der in einer gleichgeschlechtlichen Partnerschaft lebt? Wie hat deine Familie darauf reagiert, als sie es erfahren hat?

52

Hast du einen Freund, dem du so sehr vertraust, dass du ihn jederzeit mit all deinen Problemen anrufen würdest?

53

Ohne eine Stammzellenspende von dir wird einer deiner besten Freunde innerhalb eines Monats sterben. Die Chancen stehen 50/50, dass du die Entnahme überleben wirst; solltest du überleben, wirst du nach der OP keinerlei Beeinträchtigung spüren. Würdest du einer OP zustimmen?

54 Worauf legst du in einer Freundschaft am meisten Wert?

55 Ein Freund von dir ist bekannt für seine notorische Unpünktlichkeit. Nachdem du nun schon zum dritten Mal zu spät zu einem Abendessen gekommen bist, weil du auf ihn gewartet hast – würdest du ihn darauf hinweisen?
Kann man sich auf deine Pünktlichkeit verlassen?

56

Beurteilst du manchmal Menschen aufgrund ihres Namens?

57

Würdest du lieber friedlich, umgeben von Freunden, im Alter von 50 Jahren sterben oder mit 80 Jahren, dann aber schmerzvoll und allein? Auch mit der Gewissheit, dass die meisten der letzten 30 Lebensjahre gute Jahre sein würden?

58

Wenn du herausfinden würdest, dass ein enger Freund von dir mit Drogen dealt, was würdest du tun? Könntest du ihn anzeigen?

59

Du bemerkst bei einem sehr guten Freund ein Verhalten, was ihn regelmäßig in unglückliche und selbstzerstörerische Situationen bringt. Du weißt, dass er von dieser Verhaltensstruktur nichts ahnt. Würdest du ihn darauf ansprechen, auch auf die Gefahr hin, dass er mit starker Abwehr reagiert?

60

Was glaubst du, vor welcher möglichen Entwicklung deines Charakters hatten deine Eltern am meisten Angst?

Liebe
und Sex

1

Erinnerst du dich noch an deinen ersten Kuss, an dein »erstes Mal«?

2

Würdest du für einen Menschen, den du sehr liebst, in ein anderes Land auswandern, wenn du wüsstest, dass du deine Freunde und deine Familie vielleicht nie wiedersehen würdest?

3

Wie sieht für dich ein »perfekter« Abend aus?

4

Du könntest der großen Liebe deines Lebens begegnen, dem Partner deiner Träume, alles wäre perfekt. Du wüsstest jedoch, dass dieser Mensch nur noch sechs Monate zu leben hat. Mit diesem Hintergrundwissen: Würdest du trotzdem diese Person kennenlernen wollen und dich in sie verlieben? Was, wenn du wüsstest, dass dieser Traumpartner nicht sterben müsste, dich aber betrügen würde?

5

Glaubst du, dass Film, Fernsehen und Internet unsere Vorstellungen von zwischenmenschlichen Beziehungen verändert haben?

6

Während eines Wochenendes mit Freunden trifft dein Partner jemanden und landet mit dieser Person im Bett. Mit der Gewissheit, dass es nie herauskommen würde und du nie von irgendwem davon erfahren würdest, würdest du trotzdem wollen, dass dein Partner dir die Wahrheit sagt? Und wenn es dir so ginge, würdest du die Affäre beichten?

7

Was ist die schönste Erinnerung in deiner jetzigen Partnerschaft?

8

Findest du dich selbst attraktiv und fühlst du dich wohl in deinem Körper?

Du bist bei einem Freund auf einer Party. Spät am Abend bekommst du folgende Nachricht von deinem Partner: »Ich liebe dich.« Als du daraufhin nach Hause gehst, ist eure Wohnung abgebrannt, dein Partner konnte sich mit einem Sprung aus dem Fenster retten, liegt aber im Koma im Krankenhaus. Nach vielen Monaten ist noch immer nicht klar, wie schwer die Verletzungen am Gehirn sind. Dein Partner ist noch immer nicht aufgewacht. Die Ärzte bitten dich, in Erwägung zu ziehen, die Geräte abzuschalten. Was würdest du tun?

10

Der Mensch, den du heiraten möchtest, hat kurz vor der Hochzeit einen schweren Unfall und ist in Folge querschnittsgelähmt. Würdest du ihn trotzdem heiraten?

11

Wie reagierst du, wenn dir dein Partner erzählen würde, dass er vor dir eine homosexuelle Beziehung hatte?

12 Ist für dich die Qualität oder die Quantität von Sex ein Indikator für eine funktionierende Beziehung? Warum?

13 Glaubst du, dass du die wahre Liebe bereits gefunden hast?

Würdest du akzeptieren können, dass dein Partner netter und attraktiver ist als du?

Zu welchem Menschen würdest du fahren, wenn du nur noch zwei Stunden zu leben hättest?

16

Welche Eigenschaft an deinem Partner/ an deinem besten Freund/ an deiner besten Freundin macht dich regelrecht wütend? Warum?

17

Hast oder hattest du oft One-Night-Stands oder sehr kurze erotische Beziehungen?
Waren die Erfahrungen, die du dabei gemacht hast, eher enttäuschend oder bereichernd?

18

Hast du schon einmal einen Orgasmus vorgetäuscht?

19 Wann hast du deinen Partner zum letzten Mal lauthals angeschrien? Was war der Grund dafür? Hast du es später bereut?

20 Was hältst du von dem Konzept einer offenen Beziehung?

21

Denkst du noch oft an deine vergangenen Beziehungen? Meinst du, die Erfahrungen helfen dir, Fehler in deiner aktuellen Partnerschaft zu vermeiden?

22

Wo und wie hast du bisher deine künftigen Partner kennengelernt?

23

Würdest du es genießen, einen Monat lang in totaler Einsamkeit an einem wunderschönen Ort zu verbringen? Für Nahrung und Unterkunft wäre gesorgt, aber du würdest einen Monat lang niemanden sehen und wüsstest nicht, was dein Partner in der Zeit macht und ob es ihm gut geht.

24

Hast du schon einmal bei flüchtigen sexuellen Begegnungen auf Verhütungsmittel verzichtet?

25

Du bekommst auf einer Party die Telefonnummer eines sehr attraktiven Menschen zugesteckt, mit dem du schon den ganzen Abend Blickkontakt hattest – obwohl dein Partner ebenfalls auf der Party war. Du kannst nicht leugnen, dass zwischen dir und diesem Menschen eine starke Anziehung besteht. Was tust du?

26

Auf einer Skala von eins bis zehn (Höchstpunktzahl zehn): Wie stufst du das Aussehen deines Partners ein? Gibt es andere Menschen in deiner Umgebung, die eine höhere Punktzahl erreichen als dein Partner?

27

Kannst du deinem Partner eine Affäre wirklich verzeihen, auch wenn du sie niemals vergessen wirst?

28 Bist du lieber Single oder eher ein Beziehungsmensch? Wie lange dauerte deine längste Beziehung bisher?

29 Wenn du in einer Beziehung bist, versuchst du, deinen Partner zu verändern oder kannst du ihn so akzeptieren, wie er ist? Was passiert, wenn sich dein Partner so verändert hat, wie du es ursprünglich wolltest?

30

Hast du schon einmal darüber nachgedacht, eine Beziehung mit einem gleichgeschlechtlichen Partner zu haben? Denkst du, dass eine solche Beziehung mehr Schwierigkeiten mit sich bringt, oder ist das Gegenteil der Fall?

31

Beendest du eher deine Beziehungen oder wirst du in der Regel verlassen?

32

Gibt es eine Beziehung in deinem Leben, die du im Nachhinein niemals hättest eingehen sollen? Wie verhält es sich mit Affären?

33

Bevor du mit jemandem schläfst, fragst du, ob er oder sie schon einmal einen AIDS-Test gemacht hat?

34

Du hattest einen schlechten Tag, hast dich sehr über deinen Chef geärgert und bist mit schrecklicher Laune nach Hause gekommen. In dieser gereizten Stimmung lässt du deine miese Laune an einer Person aus, die dir sehr nahesteht. Kannst du dich später dafür entschuldigen?

35 Würdest du jemanden heiraten, den du über alles liebst, mit dem du dich wunderbar austauschen kannst, der dich versteht und umsorgt – mit dem du aber (noch) keinen Sex hattest?

36 Welche Bedeutung für die Beziehung haben für dich tiefsinnige emotionale Gespräche?

37 Hattest du schon einmal eine Beziehung, die man als »Hass-Liebe« bezeichnen könnte?

38

Hast du dich schon einmal – obwohl du in einer Beziehung gesteckt hast – in einen anderen Menschen verliebt? Hast du dich deswegen von deinem Partner getrennt?

39

Würdest du ein Jahr lang auf Sex verzichten, wenn du dadurch ausgeglichener und zufriedener werden würdest?

40

Du steckst in einer heftigen Krise mit deinem Partner, hast furchtbare Angst, ihn zu verlieren und das Gefühl, du kommst nicht mehr an ihn heran: Würdest du sein Tagebuch lesen?

41

In welchen Situationen bist du eifersüchtig?

42

Würdest du deine Religion für einen Menschen aufgeben, den du liebst und mit dem du leben willst, wenn dieser eine andere religiöse Zugehörigkeit hat?

43

Gibt es Dinge, die du nie über deinen Partner wissen möchtest? Hast du schon einmal etwas erfahren, das du im Nachhinein nie hättest wissen wollen?

44

Von einem früheren Schulfreund deines Partners erfährst du Dinge aus seiner Vergangenheit, die du nicht wusstest und die deinen Partner in einem unguten Licht dastehen lassen. Welche gelüfteten Geheimnisse deines Partners könntest du am ehesten verzeihen?

45

Hast du schon einmal auf eine Kontaktanzeige geantwortet? Was ist dabei herausgekommen?

46

Welches Ereignis in dieser Partnerschaft würde deine Beziehung für immer verändern?

47

Du wünschst dir unbedingt ein Kind. Dein Partner allerdings sieht in seinem Leben keinen Platz für Nachwuchs, er möchte lieber frei sein und eine solche Verantwortung nicht übernehmen. Ist das für dich ein Grund, ihn zu verlassen?

48

Warst du schon einmal in einen Menschen verliebt und hast aus rationalen Gründen entschieden, dass diese Verliebtheit und eine Beziehung mit diesem Menschen zu nichts führen würden?

49

Hast du schon einmal jemanden, den du sehr geliebt hast, im Unklaren über deine Gefühle gelassen? Warum hast du das getan?

50

Verreist du gern mit deinem Partner? Könnt ihr euch auf ein Ziel und auf eine bestimmte Art von Urlaub einigen? Was ist für dich in einem Urlaub wichtig?

51

Hast du Schwierigkeiten, deinem Partner zu vertrauen? Warum ist das so?

Überraschend und unerwartet verlässt dein Partner dich mit der Begründung, dich nicht mehr zu lieben. Du merkst hingegen, dass du noch sehr viel für ihn empfindest, weißt aber auch, dass eure Beziehung immer sehr schwierig war und dass es gute Gründe gibt, sich zu trennen.
Was überwiegt: Herz oder Verstand?

53

Glaubst du, dass du emotionale Entscheidungen besser morgens oder abends treffen kannst? Hast du schon einmal eine solche Entscheidung definitiv zum falschen Zeitpunkt getroffen?

54

Wie oft am Tag schaust du dich selbst im Spiegel an?

55

Was hältst du von Männern, die sich im hohen Alter eine Freundin suchen, die über 30 Jahre jünger ist als sie? Bewertest du Männer, die jüngere Partnerinnen haben, anders als Frauen, die mit einem viel jüngeren Mann leben?

Beruf
und Geld

1

Was bevorzugst du: mit einem Sportteam eine Goldmedaille zu gewinnen oder allein in einer Individualsportart? Für welche Sportart würdest du dich entscheiden?

2

Stell dir vor, jemand bietet dir 1.000.000 €, wenn du Deutschland verlässt und nie wieder zurückkommst.
Könntest du das Angebot akzeptieren?

3

Benötigst du im Berufsleben viel Bestätigung, um motiviert zu bleiben?

4

Haben es Frauen oder Männer leichter in unserer heutigen Berufswelt? Hast du dir je gewünscht, ein anderes Geschlecht zu haben?

5 Bist du eher aktiv oder passiv in Gesprächen, reagierst du auf Situationen oder führst du Situationen herbei?

6 Wofür gibst du richtig viel Geld aus?

7

Stell dir vor, du könntest entweder sehr erfolgreich im Beruf sein, hättest dafür aber nur ein wenig aufregendes Privatleben, oder du könntest ein sehr glückliches und aufregendes Privatleben haben, wärst dafür aber nur mäßig erfolgreich im Job. Welche dieser Möglichkeiten reizt dich mehr?

8

Du könntest mithilfe einer Voodoo-Puppe einen Menschen aus deinem beruflichen Umfeld verletzen. Würdest du es tun?

9

Besitzt du einen materiellen Gegenstand, auf den du auf keinen Fall verzichten könntest?

10

Um einen bezahlten einwöchigen All-inclusive-Urlaub zu einem Ziel deiner Wahl zu gewinnen, musst du einen Menschen, der dir vorher nie begegnet ist und den du nicht kennst, um Geld betrügen. Würdest du das tun?

11

Wurdest du schon einmal des Mobbings bezichtigt? In welcher Situation war das? War die Anschuldigung berechtigt?

12

Was würdest du wählen: 10.000 € für dich selbst oder 100.000 € verteilt an hilfsbedürftige Menschen? Was, wenn es sich um 1.000.000 € für dich und 20.000.000 € für leidende Kinder handelte?

13

Hattest du schon einmal berufliche Vor- oder Nachteile aufgrund deines Alters? Hast du schon einmal bewusst dein Alter ausgenutzt, um einen Vorteil zu erzielen?

14

Deine Firma hatte ein schlechtes Jahr.
Dein Chef eröffnet dir, dass es betriebsbedingte
Kündigungen geben muss und bittet dich,
eine Liste von Personen zu erstellen, von denen
du denkst, dass der Betrieb sie entbehren könnte.
Wie stark ziehst du bei dieser Auswahl
die Erfahrungswerte der älteren Mitarbeiter
in Betracht?

15

Was war der größte berufliche Erfolg, den du bisher erzielt hast? Kann es etwas in deinem Leben geben, das diesen Erfolg noch toppen wird?

16

Nehmen wir an, du wärst reich:
Würdest du die Hälfte deines Besitzes abgeben, wenn du dafür eine Tablette bekommen würdest, die bewirkt, dass du über einen längeren Zeitraum nur eine Stunde Schlaf pro Tag benötigst?

17

Dein Chef lädt dich zu einem Abendessen mit mehreren Kollegen ein, und du bekommst ein Gericht angeboten, das du noch nie probiert hast. Die Speise ist dir fremd, und der Name klingt wenig appetitlich. Probierst du sie?

18

Glaubst du, dass es altruistische Verhaltensweisen gibt?

19

Für folgende Mutprobe würdest du 1.000.000 € bekommen: Vor dir auf dem Tisch liegen zehn Pistolen – nur eine davon geladen. Du musst dir eine aussuchen, an deinen Kopf halten und abdrücken. Wenn du danach noch lebst, bist du Millionär. Gehst du dieses Risiko ein?

20

Was hältst du von Menschen, die sich bewusst gegen Kinder entscheiden, um ihrer Karriere nachzugehen bzw. ihr Leben zu genießen ohne Verantwortung für andere Menschen übernehmen zu müssen?

21

Hast du dich schon einmal so sehr über deinen Chef geärgert, dass du ausfallend geworden bist?

22

Hast du die genaue Kontrolle über die Bewegungen auf deinem Konto?
Wie oft überprüfst du deine Kontoauszüge?

23

Gelingt es dir in einem Gespräch mit einem Menschen, den du nicht magst, dich auf den Inhalt des Gesagten zu konzentrieren oder bist du mehr damit beschäftigt, Fehler zu suchen und auf mögliche Zwischentöne zu achten?

24

Wenn du die Macht hättest, ein Heilmittel gegen eine Krankheit zu entwickeln, welche Krankheit würdest du auswählen? Welche Krankheit ist in deinen Augen die zur Zeit größte Bedrohung der menschlichen Zivilisation?

25

Du bist morgens auf dem Weg zur Arbeit und schon etwas spät dran, als du am Straßenrand eine kleine, verwahrloste Katze siehst, die entkräftet zusammengebrochen ist. Was würdest du tun?

26

Denkst du, dass Ratschläge von älteren Kollegen aufgrund ihrer Erfahrung ein besonderes Gewicht haben?

27

Was würdest du mit einem Lottogewinn von mehreren Millionen Euro anfangen?

Du hast Fotos eines Vorgesetzten, mit denen du diesen stark in Verlegenheit bringen könntest. Dein Vorgesetzter weiß das. Würdest du den Besitz dieser Fotos ausnutzen, wenn du dadurch einen entscheidenden Karriereschritt machen könntest?

29

Gibt es ein Themengebiet außerhalb deines Berufs, auf dem du gern Experte wärst? Was hält dich davon ab, dich mit diesem Thema intensiver zu beschäftigen?

30

Hast du schon einmal Leistungen, die du nicht vollbracht hast, als deine eigenen ausgegeben?

31

Du bist Leiter eines mittelständischen Schlachtereibetriebes. Eure Aufträge sind in den letzten Monaten zurückgegangen, ihr habt große Schwierigkeiten, die nächste Rate für die Kredite zu zahlen. Ein Zulieferer weiß von deinen Problemen und bietet dir an, auch Fleisch in deinem Auftrag zu verschicken, was nicht mehr ganz frisch ist und nicht durch die strengen Lebensmittelkontrollen kommt – dafür aber viel billiger ist. Du weißt, dass du die Firma schließen musst, wenn das bekannt wird – falls du nicht erwischt wirst, musst du niemanden entlassen, und der Betrieb ist gerettet. Was würdest du tun?

32 Überträgst du Dinge wie deine Steuererklärung, deine Geldanlagen etc. einem externen Dienstleister?

33 Wie wichtig ist es dir, finanziell gut abgesichert bzw. unabhängig zu sein?

34

Würdest du dich für 20.000 € drei Monate lang weder waschen, Zähne putzen noch Deo benutzen? Du dürftest niemandem sagen, warum du das tust.

35

Besitzt du Aktien? Würdest du auch Aktien eines Betriebes kaufen, der zwar eine hohe Rendite einfährt, aber mit aller Regelmäßigkeit – trotz hoher Gewinne – viele Menschen in die Arbeitslosigkeit entlässt?

36

Triffst du dich in der Freizeit mit deinen Kollegen? Wie offen redest du mit ihnen über berufliche Schwierigkeiten, und nutzt du die Informationen, die du bekommst, aus?

37

Hast du schon einmal in einer Situation so emotional und impulsiv reagiert, dass du es hinterher bereut hast und die Konsequenzen unangenehm waren?
Kann dir so etwas eher in deinem Berufs- oder in deinem Privatleben passieren?

Wie abhängig bist du vom Lob deiner Vorgesetzten?

Hast du schon einmal mit Drogen oder illegalen Medikamenten experimentiert, um lockerer zu werden? Hast du es auch schon einmal getan, weil du das Gefühl hattest, dem Leistungsdruck nicht standhalten zu können?

40

Hast du schon einmal sehr wichtige persönliche Entscheidungen nur aus dem Bauch heraus getroffen? Wie sieht es in deinem beruflichen Leben aus? Verlässt du dich da auf deine Intuition?

41

Du könntest der beste und erfolgreichste Mensch in einem Bereich deiner Wahl sein – Musik, Schriftstellerei, Schauspiel, Politik, Medizin etc. –, müsstest dich diesem Beruf jedoch vollständig widmen, ohne Zeit für weitere Interessen zu haben. Welches Berufsfeld würdest du wählen?
Was würdest du tun, wenn du nur eine geringe Chance hättest, erfolgreich zu sein, würdest du dich trotzdem in diesem Bereich engagieren?

42 Kannst du im Berufsleben gut deine Wünsche und Vorstellungen gegenüber Kollegen und Vorgesetzen durchsetzen?

43 Ein Kollege aus einem Konkurrenzunternehmen tritt an dich heran und bietet dir sehr viel Geld, wenn du Informationen preisgibst. Das Geld würde reichen, um sich zur Ruhe zu setzen. Würdest du es tun? Was wäre, wenn du die 100 %ige Garantie hättest, dass der Verdacht nicht auf dich fallen würde?

44

Du bemerkst bei einer Kollegin, dass sie regelmäßig während der Arbeitszeit Alkohol konsumiert. Ihre Leistung wird davon nicht beeinträchtigt, über ihre Fahne wird jedoch bereits geklatscht. Sprichst du deine Kollegin darauf an? Klärst du deinen Chef über diese Vorfälle auf?

45

Unterhältst du persönliche Beziehungen und Freundschaften zu Kollegen? Welche Erfahrungen hast du damit gemacht?

46

Hast du schon einmal krank gefeiert, weil du einfach keine Lust hattest, aufzustehen?

47

Du weißt genau, dass du einen beruflichen Weg eingeschlagen hast, der dich niemals glücklich machen wird – weder in kreativer Hinsicht noch in der Zusammenarbeit mit den Kollegen. Das Einzige, was stimmt, ist das Geld. Änderst du etwas daran?

48 Nimmst du berufliche Niederlagen persönlich? Wie lange beschäftigt dich ein gescheitertes berufliches Projekt?

49 Warst du schon einmal länger als sechs Monate arbeitslos? Wie hat sich dieser Zustand auf dein Leben ausgewirkt?

50

In deiner Firma wird darüber diskutiert, dass jeder Mitarbeiter eine Einverständniserklärung unterschreibt, die den Systemadministratoren jederzeit einen Zugriff auf die PCs erlaubt – mit dem Ziel, private Internetnutzung zu unterbinden. Würdest du eine solche Erklärung ohne Zögern unterschreiben?

51

Träumst du manchmal davon, im Berufsleben alles hinzuschmeißen und irgendwo neu anzufangen? Warum tust du es nicht?

52 Hast du dich schon einmal bei einer anstehenden Beförderung übergangen gefühlt? Wie hast du darauf reagiert?

53 Du hast einen sehr wichtigen Test zu bestehen, der deine berufliche Zukunft maßgeblich beeinflussen könnte. Es wäre leicht, von deinem Nachbarn abzuschreiben, würdest du das tun?

54

Glaubst du von dir, dass du gute Umgangsformen und eine sympathische Ausstrahlung hast?

55

Zu einem Treffen mit Kollegen stößt zufällig ein alter Freund hinzu, den du seit der Kindheit nicht mehr gesehen hast. Im Beisein deiner Kollegen und deines Chefs benutzt er einen albernen Spitznamen aus deiner Jugend und erzählt Dinge, die du eigentlich im Kollegenkreis nicht offenbaren wolltest. Wie gehst du mit dieser Situation um?

56

Ein Wissenschaftler hat den Nobelpreis bekommen, weil er nachgewiesen hat, dass ein Gendefekt für eine bestimmte Art von Krebs verantwortlich ist. Nach der Verleihung erfährt man, dass dieser Mediziner während seiner Forschungen regelmäßig gedopt hat – würde es sich um einen sportlichen Wettbewerb handeln, würde dem Wissenschaftler die Ehrung wieder aberkannt werden. Glaubst du, dass in einem solchen Umstand der Zweck die Mittel heiligt?

Wünsche und Ängste

1

Glaubst du an übernatürliche Kräfte und böse Geister? Wärst du bereit, eine Nacht in einem einsamen Haus zu verbringen, in dem es angeblich spukt?

2

Hast du Hobbys, die du nur ausübst, um deinen Status zu kennzeichnen oder dich interessant zu machen?

3

Du hast die Möglichkeit, 20 Jahre sehr glücklich, zufrieden und erfüllt zu leben, allerdings würdest du mit Ablauf dieses Zeitraums sterben.
Würdest du es tun?

4

Was bedeutet für dich »Globalisierung«?

5

Wenn du ein perfektes, glückliches Jahr verbringen könntest, aber wüsstest, dass du dich danach an nichts mehr aus diesem Jahr erinnern könntest. Würdest du es trotzdem machen? Und wenn nicht, warum nicht?

6

Warst du schon einmal so glücklich, dass du weinen musstest?

7

Empfindest du Mitleid, wenn du Berichte über hungernde Kinder in Afrika siehst? Oder würdest du sagen, dass du diese Art von Bildern inzwischen zu oft gesehen hast? Hält dich diese Reizüberflutung davon ab, etwas gegen Armut und Hunger in der Welt zu unternehmen?

8

Würdest du dich eher als konservativ oder als fortschrittlich bezeichnen?

9

Du bist auf eine Feier eingeladen, auf der du nur wenige Leute kennst. Empfindest du es als Schutz, dich besonders sorgfältig zu kleiden?

10

Welcher Bestandteil des Rechtssystems stört dich am meisten und macht dir Angst?
Denkst du, dass die Bestrafungen unseres Rechtssystems ausreichend sind?

11

Hältst du dich für einen modernen, aufgeklärten Menschen? Welche Anhaltspunkte führen zu diesem Ergebnis?

12

Du machst Urlaub in einem Land, in dem noch die Todesstrafe verhängt wird. Für den nächsten Tag ist in deinem Ort eine Hinrichtung angesetzt. Würdest du hingehen?

13

Es wurde ein neuer Impfstoff entdeckt, der gegen alle existierenden Grippeviren immun macht. Bei etwa einem Prozent der geimpften Personen tritt jedoch eine allergische Reaktion auf, die den sofortigen Tod verursacht. Würdest du trotzdem wollen, dass dieses Medikament auf den Markt kommt?

14

Du hast die Macht, Menschen zu töten, indem du nichts weiter tun musst, als dir vorzustellen, dass sie tot wären und zweimal »Auf Wiedersehen« zu sagen. Die Menschen würden eines natürlichen Todes sterben, und niemand würde dich verdächtigen. Kannst du dir eine Situation vorstellen, in der du diese Macht einsetzen würdest?

15

Hast du manchmal das Gefühl, dass du dich selbst zu oft in Frage stellst, dass du dich zu sehr mit dir selbst beschäftigst? Hemmt dich diese Selbstreflexion?

16

Gibt es etwas, das dir so viel Spaß macht, dass du dich dabei selbst vergisst?

17

Gibt es Menschen, die du so sehr um ihr Leben beneidest, dass du tauschen würdest? Wer sind diese Menschen?

18

Würdest du einen unschuldigen Menschen töten, wenn du damit den Hunger in der Welt beenden könntest?

19

Verbringst du mehr Zeit damit, darüber nachzudenken, wovor du Angst hast, als deine Ängste offen anzugehen? Glaubst du, du bist der Einzige, dem das so geht?

20

Du hast in mehreren sehr lebhaften und realistischen Träumen die folgende Vision: Du lässt alles hinter dir, deinen Partner, deine Familie, deine Kinder und ziehst allein nach Irland, um dort Schafe zu hüten. Kannst du dir so etwas vorstellen?

21 Was bedeutet Hass für dich?
Hast du jemals einen Menschen richtig gehasst?
Wenn ja, warum?

22 Bist du in der Nutzung von Verkehrsmitteln flexibel? Mit welchem Verkehrsmittel bist du am häufigsten unterwegs? Lässt du dich in deiner Mobilität einschränken, weil du dich weigerst, manche Verkehrsmittel zu benutzen?

23

Kochst du für dich allein? Kannst du das genießen oder fühlst du dich dann einsam?

24

Wenn du dir genau jetzt, wenn du diese Zeilen liest, etwas wünschen könntest, das wirklich in Erfüllung gehen würde, was würdest du dir wünschen? Hast du dir etwas für dich selbst oder für andere gewünscht?

25

Kannst du dich über persönliche Erfolge freuen?
Wie lange hält das Hochgefühl bei dir vor?
Kannst du diese Freude zeigen?

26

Glaubst du an ein Leben nach dem Tod?

27 Was ist das Schlimmste, was dir passieren könnte?

28 Glaubst du an außerirdisches Leben? Wärst du neugierig auf die fremden Lebewesen oder hättest du eher Angst?

29

Kurz nachdem der Rettungswagen eingetroffen ist, kommst du an einem schweren Verkehrsunfall vorbei. Du warst weder Zeuge noch könntest du irgendwie helfen. Bleibst du stehen, um noch einen guten Blick zu erhaschen?

30

Glaubst du, dass der Zustand »wunschlos glücklich« erstrebenswert ist?

31

Was ist dein schönster Traum?
Was dein schlimmster Albtraum?

32

Du bist im Zug mit einem Wochenendticket unterwegs, mit dem du ohne Probleme noch vier weitere Menschen mitnehmen könntest. Zwei Plätze weiter sitzt ein Mann, der sich schon die ganze Zeit ängstlich umsieht. Als der Schaffner kommt, wird schnell klar, warum: Er hat kein Ticket. Hilfst du ihm?

33 Du beobachtest, wie auf dem Bahnsteig ein Mensch von mehreren Jugendlichen bedroht wird. Du bist ganz allein, weitere Hilfe ist nicht in Sicht. Greifst du ein?

34 Könntest du – in einer Katastrophensituation – ein Tier töten, um zu überleben?

35

Dein Haus und alles, was sich darin befindet, fängt Feuer. Nachdem deine Angehörigen und deine Haustiere aus den Flammen gerettet sind, hast du noch Zeit, eine einzige Sache aus dem Haus zu holen, bevor alles andere verbrennt. Was würdest du retten?

36

Wann hast du zum letzten Mal laut gesungen? Vor Publikum oder Freunden?

Gibt es einen Ort, an dem du dich so wohlfühlst, dass du alles andere vergisst und dich – auch wenn du allein bist – vollkommen geborgen und sicher fühlst?

Wenn du eines Morgens aufwachen könntest und alle deine Probleme wären verschwunden, woran würdest du das merken?
Wie müsste sich das anfühlen?

39

Wenn du dir eine Person aussuchen könntest: Wen hättest du gern einmal zum Abendessen bei dir? Wen als guten Freund? Wen als Liebhaber?

40

Beim Einparken mitten in der Nacht streifst du mit deinem Auto einen Porsche. Du bist dir sicher, dass niemand den kleinen Unfall bemerkt hat. Der Schaden an dem Porsche ist minimal, die Versicherung würde dafür nicht einspringen. Würdest du einen Zettel mit deiner Adresse hinterlassen?

41

Was ist die schlimmste psychische Folter, die du dir vorstellen kannst?

42

Weißt du, wie du auf andere Menschen wirkst? Wenn du dich mit wenigen Adjektiven beschreiben müsstest, welche kommen dir zuerst in den Sinn?

43

Würdest du dein eigenes Leben um ein Jahr verlängern, wenn dafür die Lebenszeit einer anderen dir unbekannten Person um ein Jahr verkürzt würde? Wäre es ein Unterschied, wenn dir diese Person vorgestellt würde?

44

Hast du schon einmal über Selbstmord nachgedacht? Warst du schon einmal mit dem Suizid eines Menschen in Berührung?

45

Wenn du die Wahl hättest, für welche der Optionen würdest du dich entscheiden: ewige Jugend oder vollkommene Weisheit?

46

Wenn du jemandem etwas erzählst, übertreibst du oft oder beschönigst Dinge? Wenn ja, warum?

47

Würdest du ein Jahr lang jede Nacht furchtbare Albträume ertragen, wenn du dafür unermesslich reich werden könntest?

48

Glaubst du an das Schicksal/ an Gott/ an den Himmel? Wodurch rechtfertigt sich für dich dieser Glaube?

Nach einer Routineuntersuchung wirst du von deinem Arzt angerufen, der dir mitteilt, dass du an einem sehr seltenen Lymphdrüsenkrebs leidest und nur noch wenige Monate zu leben hast. Fünf Tage später erfährst du, dass die Laborergebnisse vertauscht wurden und du vollkommen gesund bist. Du wurdest also gezwungen, dich einen Moment lang sehr ernsthaft mit dem Tod auseinanderzusetzen.
Während dieser fünf schwierigen Tage wirst du mit Sicherheit einiges über dich erfahren haben. Meinst du, diese Erkenntnisse wären die Angst und die Schmerzen wert?

50 An einem heißen Nachmittag bemerkst du in einem Parkhaus einen Hund, der in einem verschlossenen Auto furchtbar unter der Hitze leidet. Was würdest du tun?

51 Fühlst du dich unbehaglich, wenn du allein ins Kino oder in ein Restaurant gehst? Würdest du allein Urlaub machen?

52 Kannst du vor anderen Menschen weinen?

53 Kannst du Hilfe annehmen, wenn du sie brauchst? Kannst du auch um Hilfe bitten?

54 Hast du dich schon einmal absichtlich selbst verletzt?

55

Fünf Jahre lang würde dir ein guter Koch, Chauffeur, Hausmeister, Masseur oder persönlicher Sekretär bezahlt werden, der jederzeit zu deiner Verfügung steht. Welchen Menschen würdest du anstellen?

56

Ärgerst du dich oft über dich und überträgst diesen Ärger auf andere Personen?

57

Hast du ein Profil bei einer Internetplattform wie studivz, meinvz, xing, facebook oder myspace? Ist dieses Profil eine geschönte Variante von dir selbst?

58

Kannst du im Beisein anderer Menschen urinieren?

59

Wofür in deinem Leben bist du am meisten dankbar?

60

Vor dem Supermarkt siehst du einen kleinen Hundewelpen mit einem Pappschild um den Hals: »Ich suche ein neues Zuhause.« Würdest du den Hund mit zu dir nach Hause nehmen?
Was würdest du tun, wenn es sich nicht um einen Hund, sondern um ein Baby handelt?

01 Was verleitet dich dazu, mehr zu essen? Glück oder Unglück?

02 Wovor hast du am meisten Angst in deinem Leben?

63

Im Grundgesetz steht: »Die Würde des Menschen ist unantastbar.« Glaubst du, du verhältst dich immer nach diesem Grundsatz? Gab es schon einmal eine Situation in deinem Leben, in der du dich definitiv nicht an diesen Satz gehalten hast?

64

Über welche Dinge / Erlebnisse würdest du niemals mit anderen Menschen reden?

Vergangenheit und Zukunft

1

Hast du schon einmal einen Film gesehen, der dich so schockiert hat, dass du noch Tage später daran denken musstest? Welcher Film war das? Mit wem hast du ihn gesehen?

2

Wenn du wüsstest, dass du in einem Jahr stirbst, würdest du etwas an deinem Leben ändern? Wenn ja, was?

3

In welchen Situationen handelst du besonders emotional? In welchen besonders rational? Hat sich das in den letzten Jahren geändert?

4

Hast du dich schon einmal intensiv mit einer anderen Kultur auseinandergesetzt? Was hat dich zu dieser Beschäftigung veranlasst?

5 Welche Assoziationen hast du bei folgenden Begriffen: Pubertät, Reife, Alter und Weisheit?

6 Gibt es ein traumatisches Erlebnis in deiner Vergangenheit, das deine Gedanken, Gefühle und Handlungen bis heute beeinflusst?

Empfindest du die nachfolgende Generation als weniger sozial / schlau / aktiv / interessiert als deine eigene? Wie stehst du zu dieser Generation?

Bist du zufrieden mit dem, was du bis heute aus deinem Leben gemacht hast? Würdest du dich als »glücklich« bezeichnen?

9

Würdest du, um die Natur zu schützen und den Klimawandel zu reduzieren, auf persönlichen Komfort verzichten? Was würde dir am leichtesten fallen: Verzicht auf Fleisch, auf exotisches Obst und Gemüse, auf Fernreisen, auf ein Auto?

10

Warst du schon einmal mit deinen persönlichen Problemen bei einem Psychotherapeuten? Sprichst du ganz offen darüber?

11 Wie groß schätzt du den Einfluss ein, den du auf den Verlauf deines eigenen Lebens hast?

12 Hattest du schon einmal das Gefühl,
in einem Moment genau das Richtige zu tun?
Wann war das?

13

Hast du im betrunkenen Zustand schon einmal etwas getan, was du furchtbar bereut und wofür du dich noch Tage später geschämt hast?

14

Stell dir vor, es würde ein Gerät geben, mit dem Menschen billig und schnell von Kontinent zu Kontinent reisen könnten. Die weltwirtschaftlichen Folgen wären jedoch aufgrund der fehlenden Arbeitsplätze katastrophal. Würdest du die Nutzung verhindern?

15

Was erwartest du von deinem Leben und was müsstest du für dieses Ziel tun?

16

Wenn du an die Regelwerke und Institutionen denkst, die unsere Gesellschaft steuern, also Gesetzbücher und Ämter, welches Gefühl hast du dabei? Befällt dich manchmal Ohnmacht, wenn du dich mit diesen Dingen auseinandersetzen musst?

17

Hast du spezielle Ziele und Träume, auf die du langfristig hinarbeitest? Nenne ein Beispiel und mache dir klar, wie du dieses Ziel erreichen willst.

18

Wenn du die Umstände deines Todes selbst bestimmen könntest, wie würdest du sterben wollen?

19 Findest du es fair, dass Menschen aufgrund ihrer Herkunft große Nachteile im Leben hinnehmen müssen? Was könnte man deiner Ansicht nach tun, um etwas an dieser ungleichen Behandlung zu ändern?

20 Was hat deine Persönlichkeit maßgeblich geprägt?

21

Welches Buch liegt zurzeit auf deinem Nachttisch? Wie bist du auf dieses Buch gekommen?

22

Hattest du schon einmal das Gefühl, dass du Verantwortung für jemanden oder etwas übernommen hast, dem du eigentlich nicht gewachsen warst? In welcher Situation war das?

23

Hast du manchmal Angst davor, dass du wichtige Dinge aus deiner Vergangenheit vergisst?

24

Du hast die Möglichkeit, in ein Jahr deiner Wahl in der Zukunft zu gehen und nach einem Jahr zurückzukehren mit dem Wissen, das du dort erworben hast. Würdest du es tun, wenn die 50 %ige Chance bestünde, dass du bei dem Versuch stirbst?

25

Gibt es etwas, wofür du einmal deine Prinzipien verraten hast? Wann war das und wofür?
War es das wert?

26

Auf einer Skala von eins bis zehn (Höchstpunktzahl zehn), wie würdest du dein Leben benoten?
Was müsste in deinem Leben geschehen,
damit sich die Bewertung verbessert?

27

Was war dein aufregendstes Erlebnis mit Drogen oder Alkohol? Was war dein schlimmstes?

28

Kannst du in deinem Leben eine Situation nennen, in der du entscheiden musstest, in welche Richtung dein Leben verläuft?
Hast du die Entscheidung, die du an diesem Wendepunkt getroffen hast, jemals bereut?

29

Auf welchen technischen Fortschritt könntest du verzichten? Könntest du ohne Telefon oder Internet leben?

30

Wann hat sich dein Leben aufgrund eines Schicksalsschlages dramatisch verändert?

31

Bist du politisch aktiv? Warum?

32

Du liest in der Zeitung, dass Menschen mit Vornamen wie Kevin und Chantal grundsätzlich in der Schule schlechter bewertet werden als Kinder mit den Namen Frank und Lisa. Du ärgerst dich vermutlich über diese offensichtliche Ungerechtigkeit. Doch sei einmal ehrlich zu dir selbst: Behandelst du Menschen, die du zum Beispiel attraktiv findest, in der gleichen Situation anders als Menschen, die dir auf Anhieb äußerlich sehr unsympathisch sind?

33

Gibt es ein Ereignis in deiner Vergangenheit, für das du dich sehr schämst?

34

Wenn du eine Möglichkeit wüsstest, wie dein Besitz nach deinem Tod zu einem großen Nutzen für die Menschheit werden könnte, würdest du die Gelegenheit nutzen und deiner Familie nur einen sehr geringen Anteil hinterlassen?

Eine Fee beantwortet dir drei Fragen mit einer ehrlichen und direkten Antwort. Welche drei würdest du wagen zu stellen?

Stell dir vor, du würdest morgen aufwachen und eine spezielle Fähigkeit oder besondere Eigenschaft besitzen. Wofür würdest du dich entscheiden?

37

Gibt es Dinge in deinem Leben,
die du auf keinen Fall verändern möchtest?

38

Hast du schon einmal einen Menschen in der Bahn oder im Flugzeug, in einer Warteschlange oder auf einem Konzert kennengelernt, mit dem du einen kurzen, wunderbaren Moment geteilt hast? Wann und wo?

39

Du könntest 1.000 Jahre alt werden, körperlich und geistig fit, würdest dafür jedoch deine Attraktivität einbüßen und von diesem Zeitpunkt an hässlich sein. Würdest du dich darauf einlassen?

40

Hast du manchmal das Gefühl, fremdbestimmt zu sein? Handelst du, wie du handeln solltest und nicht, wie du aus Überzeugung möchtest?

41

Denkst du, dass die Welt in 100 Jahren ein besserer oder schlechterer Ort ist?

42

Gibt es Verhaltensmuster aus deiner Kindheit, in die du zurückfällst, wenn du mit deinen Eltern zusammentriffst oder den Ort besuchst, in dem du aufgewachsen bist? Hast du schon einmal versucht, diese Muster zu durchbrechen? Ist es dir gelungen?

43

Du wirst heute Abend sterben und hast keine Möglichkeit mehr, noch mit irgendjemandem zu reden. Bei wem würdest du es am meisten bereuen, die Gelegenheit nicht genutzt zu haben, dich mit der Person ausgesprochen zu haben? Und warum hast du es diesem Menschen bislang noch nicht gesagt?

44

Was dürfte es in der Zukunft deiner Ansicht nach nicht mehr geben?

45

Gibt es ein Erlebnis in deiner Vergangenheit, das du gern ungeschehen machen würdest? Welches Erlebnis ist das?

46

Hast du in deinem Leben schon einmal etwas erlebt, was dich komplett aus der Bahn geworfen hat, was dich vollständig an dir selbst zweifeln ließ und an allem, was du für gegeben und wahr hieltest? Wie bist du aus dieser Situation wieder herausgekommen?

47 Was fällt dir als Erstes ein, wenn du an deine Kindheit denkst?

48 Engagierst du dich für gemeinnützige Organisationen? Denkst du, dass diese Organisationen früher oder später die Sozialleistungen des Staates ersetzen werden, vielleicht sogar ersetzen müssen?

49

In welcher historischen Zeit hättest du gern gelebt? In welcher auf keinen Fall?

50

Eine gute Freundin erzählt dir mit absoluter Regelmäßigkeit, dass sie nur schwanger geworden ist, weil sie den Wunsch laut und deutlich in den Kosmos gerufen hat. Was hältst du davon? Obwohl du nicht daran glaubst, würdest du in einer verzweifelten Situation ebenfalls versuchen, dem Kosmos deine Wünsche zu übermitteln?

51

Wenn du von einer besseren Welt träumst, was genau stellst du dir vor? Was müsste sich ändern?

52

Wie möchtest du, dass sich die Leute an dich erinnern, nachdem du gestorben bist? Wenn du heute sterben würdest, wie würden sich die Leute deiner Meinung nach an dich erinnern?

53

Was ist das Wichtigste, das du in den nächsten zehn Jahren erreichen möchtest?

54

Gibt es eine Sache, die du unbedingt noch erledigen möchtest, einen Traum, den du dir unbedingt noch erfüllen möchtest, bevor du stirbst?

55

Du hast das Wochenende nicht zu Hause verbracht, nicht an dem Ort, wo du deinen Beruf ausübst. Hattest du an einem solchen Sonntag schon einmal das dringende Gefühl, nicht wieder zurück an diesen Ort zu fahren? Was hast du getan?

56

Hast du schon einmal gestohlen? Was und warum?

57

Warst du schon einmal bei einer Wahrsagerin? Was hat sie dir erzählt? Ist eine von diesen Prophezeiungen in Erfüllung gegangen?

58

Hast du dich heute schon über irgendetwas unglaublich gefreut? Was war das?

59

Nach einer Umweltkatastrophe sind die Städte auf der Erde unbewohnbar. Könntest du einige Zeit in der Wildnis überleben? Meinst du, dass die Fähigkeit, in der Wildnis überleben zu können, in Zukunft an Bedeutung gewinnen wird?

Stell dir vor, du würdest ein Leben führen wie in der ehemaligen DDR: Du darfst nur in einige Länder reisen, es besteht ständig die Gefahr der Bespitzelung, du hast keinen freien Zugriff auf Informationen. Durch einen Krieg, einen Aufstand könnte sich die Situation verändern – dafür gibt es jedoch keine Garantie. Würdest du deine Freunde, Verwandten, Familienmitglieder bitten, mit dir in den Krieg gegen eine ungerechte Diktatur zu ziehen auf die Gefahr hin, dass sie sterben?
Wie viele Menschenleben und persönliche Opfer wäre dir die Freiheit wert?

Wenn du es dir aussuchen könntest, würdest du gern unvermittelt sterben oder möchtest du Zeit haben, dich von lieben Menschen zu verabschieden?

Was ist in deinen Augen »spießig«? Haben sich diese persönlichen Ansichten in den letzten Jahren geändert?

63 Hattest du als Kind einen Berufswunsch? Was wolltest du werden, und bist du es geworden?

64 Haben sich die Vorstellungen, die du als Kind vom Leben eines Erwachsenen hattest, erfüllt? Welche haben sich nicht erfüllt?

Du hast die Möglichkeit, einen Blick in die Zukunft zu werfen und einen einzigen Fakt aus deinem Leben in 20 Jahren zu erfahren.
Was würdest du wissen wollen?

Was, glaubst du, hat dir die Auseinandersetzung mit diesen Fragen gebracht?

Bibliografische Information der Deutschen Nationalbibliothek
Die Deutsche Nationalbibliothek verzeichnet diese Publikation in der Deutschen Nationalbibliografie; detaillierte bibliografische Daten sind im Internet über http://dnb.d-nb.de abrufbar.

FSC
Mix
Produktgruppe aus vorbildlich bewirtschafteten Wäldern und anderen kontrollierten Herkünften

Zert.-Nr. GFA-COC-001223
www.fsc.org
© 1996 Forest Stewardship Council

Verlagsgruppe Random House FSC-DEU-0100
Das für dieses Buch verwendete FSC-zertifizierte Papier *Munken Premium* liefert Arctic Paper Munkedals AB, Schweden

Die Autorin:
Lena Bach, geboren 1977, Kommunikationswissenschaftlerin, Journalistin und Autorin, lebt mit ihrem Hund in Leipzig und Berlin.

2. Auflage, 2010

Druck und Einband: CPI – Clausen & Bosse, Leck
Printed in Germany
ISBN 978-3-579-07021-6

www.gtvh.de